BIOGRAPHIE

DE

NAPOLÉON CORDIER

De Moreuil (Somme)

ARTISAN, ARTISTE, INDUSTRIEL

SOMMAIRE

ACROSTICHE ; — Enfance de Napoléon Cordier ; — son goût pour les arts et l'industrie ; ses diverses aptitudes, ses talents, son génie, — son culte pour la dynastie Napoléonienne ; ses prédictions politiques ; — ses constructions mécaniques : roue hydraulique, pile-pommes, pressoir, moulin à farine et à ciment, scie circulaire, tarare, instruments aratoires, moulins à eau, ponts, aqueduc; maisons, établissements de bains, descriptions ; — les Travailleurs.

Prix : 25 c.

Heureux est l'ouvrier doué d'intelligence,
Qui toujours vit content malgré son indigence ;
Dans le fruit de son art, avec la liberté,
Il goûte les plaisirs et la félicité.

ANTHIME LEJEUNE.

AMIENS

IMPRIMERIE & LITHOGRAPHIE T. JEUNET

47, Rue des Capucins, 47

1868

A MONSIEUR CORNUAU,

Conseiller d'État, Préfet de la Somme, Président d'honneur
de la Société Industrielle, a Amiens.

Monsieur le Préfet,

Il y a un demi-siècle que débutait comme simple ouvrier un enfant de Moreuil, qui s'est toujours distingué par son courage, ses talents et sa conduite.

Sans instruction, sans fortune et sans guide, NAPOLÉON CORDIER sut suivre le sentier de l'honneur et prendre rang parmi les hommes les plus utiles à leurs semblables.

Ses aptitudes et son goût pour les Arts et l'Industrie, ses vastes et ingénieuses conceptions, ses principes Napoléoniens, les principaux traits de sa vie, en un mot, sont ici rapportés dans une modeste brochure que je prends la liberté de vous dédier.

Daignez, Monsieur le Préfet, en agréer l'hommage comme un nouveau témoignage de bienveillance et d'encouragement pour nos bons et honnêtes Travailleurs qui se dévouent au bien-être de la Société.

Dans ce doux espoir, j'ai l'honneur d'être
avec le plus profond respect,

Monsieur le Préfet,
Votre très-humble et très-obéissant serviteur,

Anthime LEJEUNE,

MAITRE DE PENSION.

Amiens, 27 avril 1868.

BIOGRAPHIE

DU SIEUR

NAPOLÉON CORDIER

De Moreuil (Somme)

ARTISAN, ARTISTE ET INDUSTRIEL

Au génie inconnu que délaissait la Gloire

Ne laissons point fermer le temple de Mémoire ;
Au grabat de l'artiste et si pur et si fort,
Portons tous notre encens dans un noble transport :
Ouvrier dès onze ans, laborieux et agile,
La lime et le pinceau le rendent fort habile ;
Et, quand de l'atelier il sait franchir le seuil,
On le voit surpasser ses maîtres sans orgueil.
N'importe en quel métier, chez lui l'intelligence

Couronne les efforts : travaux d'art ou science,
On se plaît à le voir, malgré les envieux,
Réparer ou bâtir tout logis neuf ou vieux.
Du progrès le grand char, grâce à son industrie,
Imprime des sillons à sa chère patrie ;
En son docte labeur, le beau, le vrai, le bien,
Résument le portrait de ce bon citoyen.

NAPOLÉON CORDIER, dont nous esquissons ici la vie, naquit à Moreuil (Somme), le 11 mars 1807 ; ses parents étaient pauvres, mais honnêtes ; son père, officier de santé, jouissait d'une bonne réputation, à cause de sa franchise, de sa probité et de son désintéressement.

Dévoué au Gouvernement du Grand-Empereur, il voulut que son fils reçût le nom de NAPOLÉON, nom illustre et mémorable auquel se rattachent tant de brillantes conquêtes et de glorieux souvenirs. Doué d'une imagination vive, d'un jugement sain, d'un caractère ferme et hardi, NAPOLÉON CORDIER, dès sa plus tendre enfance, donna les plus belles espérances ; son intelligence, ses dispositions naturelles et sa bonne conduite présageaient quelque chose au-dessus du vulgaire. Il passa ses premières années comme la plupart des enfants de nos campagnes, à l'école communale de son pays. Malheureusement, à cette époque, les bonnes méthodes d'enseignement étaient encore peu connues, et les instituteurs, en général, manquaient de tact et d'aptitude pour diriger une classe avec succès. Inévitablement, les écoliers se ressentaient de cette sorte d'inertie, et beaucoup de jeunes intelligences se trouvaient arrêtées au début de leur carrière. De ce nombre fut le jeune Cordier ; il quitta brusquement la classe, et à onze ans il servait les maçons. Quelques années plus tard, il changeait de métier, et débutait comme apprenti peintre en bâtiments et en décor, et comme doreur et vitrier. Son patron fut frappé de ses brillantes qualités qui distinguaient l'homme de génie, mais craignant qu'il ne devînt pour lui dans la suite un puissant adversaire, il lui cacha tous les secrets de son art, et ne l'employa qu'à broyer des couleurs, à préparer les pinceaux, à faire les courses que nécessitait son industrie, et à porter, deux ou trois fois par semaine, de pesants fardeaux à des distances de 15 à 20 kilomètres.

Pour se frayer un chemin dans la carrière qu'il avait embrassée et pour vaincre les obstacles qui lui étaient opposés de la part de ses maîtres, il lui fallait cette volonté ferme et cette activité incessante qui triomphent des plus grandes difficultés.

A quinze ans, Cordier raisonnait et agissait à l'instar des hommes, et quoique d'une faible complexion, qui ne se ressentait que trop des rudes travaux auxquels on l'avait assujetti, rien n'ébranlait son courage invincible dans un âge si tendre. Le désir naturel de surpasser ses maîtres soutenait sa volonté et son courage de fer qui ne se démentirent jamais.

Il ne lui fallait pas moins que toutes ces qualités pour devenir, non-seulement un bon ouvrier, mais pour exceller dans un art qu'il professa pendant plus de quarante ans ; car il ne faut pas oublier qu'à seize ans il travaillait pour son compte.

Entraîné par son goût pour les arts, il passa sa jeunesse dans un labeur constant et opiniâtre. Il n'avait qu'une seule ambition : faire de nouvelles conquêtes dans le vaste domaine du progrès, en s'appliquant surtout à rechercher et à découvrir ce qui concernait son état.

Il réussit en effet, et nous allons le voir, en grandissant, se former une bonne clientèle sans autre secours que ses talents et son courage.

Bientôt connu à Moreuil et dans les environs pour un ouvrier distingué, il eut autant de travail qu'il en put faire. Le nombre de clients croissait de jour en jour, et, dans un rayon de plusieurs lieues, les ouvrages de peinture, d'ornement et de décor étaient confiés à son habile pinceau. Se trouvait-il quelque chose de minutieux à faire dans les châteaux ou dans les églises, vite on s'adressait au jeune Cordier. Quelquefois aussi il faisait des travaux qui n'avaient nullement trait à son état, mais seulement pour lui et pour l'emploi de ses économies, se faisant tantôt couvreur ou maçon, tantôt ferblantier ou plombier. Enfin, les seigneurs des alentours chez lesquels il travaillait, ne l'appelaient plus que Napoléon l'artiste.

Ses contemporains se plaisaient aussi à l'appeler le Conquérant, à cause de son nom et des opinions napoléoniennes qu'il a toujours professées.

Depuis lors, Napoléon Cordier n'a jamais démérité de

la considération qu'il s'est acquise, ni démenti la bonne opinion que chacun avait de lui.

Sans cesse occupé et mettant à profit ses loisirs, cet homme ingénieux n'a jamais pu rester dans l'inaction.

Pendant l'hiver, qui est une saison morte pour les ouvrages de peinture, il sut toujours utiliser ses loisirs, trouvant dans les arts mécaniques un passe-temps et un puissant remède contre l'ennui. Il lui fallait, à tout prix, du travail, toujours du travail. Son goût pour l'industrie lui créait constamment d'utiles occupations. Dans un moment où il se trouvait à peu près inoccupé, il achète une vieille maison, et, profitant de ses heures de loisir, il en fait seul toutes les réparations; puis lui vient l'idée de bâtir, vite il se met à l'œuvre : il construit pour lui une maison, puis deux..., il va jusqu'à dix, et sans se donner de repos, il fait lui-même la charpente, la menuiserie, la serrurerie, la peinture, tous les travaux d'art, en un mot, sans le secours de personne : c'était le prélude des nombreuses entreprises qu'il fit par la suite.

En 1838, il fait l'acquisition d'une maison dont l'entrée était inaccessible. Une rivière, qui coule à quelques pas, formait une ligne de démarcation entre cette habitation et la voie publique ; un vieux pont tombant en ruines était le seule passage de communication, on ne pouvait passer le soir sans courir risque de tomber dans l'eau.

Napoléon Cordier veut remédier à cet état de choses ; il jette un coup d'œil rapide sur cette maison, dont il veut rendre l'accès facile, et trouve, comme son illustre homonyme, que rien à l'homme n'est impossible. Alors il prend une résolution qu'il n'abandonnera pas. « Cette maison, dit-il, je saurai la rendre belle, commode et salubre. »

Aussitôt il sollicite et obtient de l'administration des ponts-et-chaussées l'autorisation de construire un aqueduc sur la rivière. Mais beaucoup de personnes rient de son projet et prétendent qu'il ne réussira pas. Cordier, n'écoutant que sa raison et sa volonté, répond à ses contradicteurs : « Napoléon, en Italie, savait inspirer le « courage et l'ardeur à ses soldats, son nom a fait trembler « l'Europe entière. Je ne suis pas appelé, comme ce grand « homme, à diriger, à soutenir des siéges, à remporter « d'éclatantes victoires, mais je saurai diriger et encou- « rager les hommes que j'emploie. Je ne leur demande « qu'à me venir en aide comme manœuvres, et l'ouvrage « que vous condamnez sera terminé avant un mois. » Tel était le langage du sieur Cordier dont les travaux mar- chaient avec ordre et célérité. Les briques et les maté- riaux volaient dans ses mains agiles et vigoureuses, et le vingt-quatrième jour, l'ouvrage, fait comme par enchan- tement, était terminé.

Ce travail fut inauguré par un repas splendide donné aux ouvriers, et auquel prirent part ses critiques eux- mêmes, qui furent les premiers à rendre hommage à la prompte et bonne exécution de cette entreprise.

Par la construction de cet aqueduc, CORDIER n'a pas seulement travaillé pour sa commodité personnelle, mais il a fait disparaître le cloaque et l'insalubrité qui régnaient en ce lieu autrefois appelé la chaussée, et qui, aujourd'hui, est une des plus belles rues de Moreuil.

Tout le monde approuva cette mesure si profitable à tous, au double point de vue de la salubrité et de la bonne viabilité.

A cette époque, on était à la fin de mars ; Cordier reprend son pinceau, son outil favori, car la pratique ne lui faisait pas défaut, et il est rare que l'ouvrage manque aux peintres qui remplissent comme lui leur art avec goût. Mais la bonne et la mauvaise saison reviennent alternativement. L'hiver au front glacé reparaît encore et oblige ouvriers, artisans et artistes, à rentrer au logis et à rester sédentaires pendant plusieurs mois. Napoléon met à profit ce temps de relâche ; il construit une roue hydraulique qu'il fait mouvoir au moyen d'une petite chûte d'eau habilement créée, et qui imprime le mouvement à un *pile-pommes* à bras, à l'usage de son pressoir. C'est ainsi qu'il s'est procuré une force suffisante pour écraser les pommes sans fatigue et sans peine.

Son pressoir peut être regardé comme un modèle que lui-même a imaginé et construit. Tous les hommes d'art qui l'ont visité, se sont plu à en admirer le mécanisme, et tous ont été vivement surpris de voir un peintre travailler le fer et le bois avec tant d'habileté.

Avec son courage et son goût pour l'industrie, Napoléon n'est pas prêt à rebrousser chemin ; à mesure qu'il avance dans la vie, de nouveaux projets se présentent à son esprit, toujours ingénieux et pensif; rien ne lui paraît irréalisable. Aussi vient-il à bout de tout ce qu'il entreprend. Cette fois encore c'est pour lui qu'il va expérimenter ses savantes combinaisons.

A côté de cette roue hydraulique dont nous venons de parler, se trouve aussi un moulin à ciment qu'il a monté peu de temps après son premier essai.

Mais on lui fit observer que, n'étant pas autorisé, il pourrait bien un jour avoir la douleur de se voir contraint à démonter un travail qui lui avait coûté tant de peines et d'insomnie, et on lui conseilla de former une demande en autorisation.

C'était en 1842, et cette demande, le croirait-on, resta dans les cartons jusqu'à l'avènement du Gouvernement napoléonien que, depuis son enfance, il avait appelé de tous ses vœux. Le sieur Napoléon fit plus de cent voyages au sujet de cette demande, il s'y prit de mille manières pour avoir une réponse favorable ; mais partout il ne rencontra que dédain et mauvais accueil. Le Gouvernement si paternel de Napoléon III est heureusement venu lui donner raison et favoriser son projet.

Son autorisation obtenue, sans perdre de temps il dresse de nouvelles machines à côté de celles qu'il avait déjà construites : d'abord un *moulin à tan*, puis une *scie circulaire* pour préparer et scier les bois nécessaires à ses entreprises, ensuite un *nettoyeur* pour le blé et une *machine à battre* le grain ; enfin un moulin à farine mû, comme les autres machines, par la force motrice d'une chûte d'eau qu'il s'est ménagée.

Toutes ces machines, construites pour son usage, marchent alternativement ; elles sont vraiment remarquables par leur ensemble et le mécanisme particulier de chacune d'elles. Tout cela est l'ouvrage d'un seul homme, qui est à la fois *peintre*, *mécanicien*, *forgeron*, *tourneur*, *menuisier*, *ferblantier*, *plombier*, *charron*, *maçon*, etc. Ses *voitures* sont encore l'ouvrage de ses mains. Toujours industrieux, il s'est essentiellement appliqué à perfectionner ses outils et à construire des *instruments aratoires* qu'il fait d'une autre façon que ceux des cultivateurs du pays. Sa *maison*, qu'il a su rendre agréable, est une des plus curieuses du canton : il suffit de la visiter pour s'en rendre compte et pour se convaincre que les éloges qu'il reçoit journellement sont bien mérités. Tout dans cette maison respire l'ordre, l'harmonie, l'aisance et la commodité.

Pour remplir consciencieusement la tâche que nous nous sommes imposée, en nous servant des notes recueillies par M. Bédin, notre honorable confrère, continuons d'exposer succinctement quelques-uns des faits qui honoreront longtemps la mémoire du sieur CORDIER :

En 1845, M. le marquis de Rougé avait consulté des gens du métier pour la reconstruction de ses moulins, qui étaient alors dans un état de vétusté ; on lui avait demandé pour cela 80,000 francs. Il va trouver NAPOLÉON CORDIER, le prie de lui présenter l'estimation des travaux à faire et d'en prendre aussitôt la direction. Toujours hardi dans ses entreprises, NAPOLÉON, après avoir tout examiné, se charge de rétablir ces moulins, qui tombaient en ruine, moyennant la somme de 15,000 fr. Le succès couronna l'œuvre, et M. le marquis de Rougé, en gagnant une somme assez ronde sur ce marché, n'a eu qu'à féliciter le sieur CORDIER sur l'exécution de cette vaste et difficile entreprise.

Autre fait : Le pont construit sur la rivière était dans un si mauvais état que le moulin même menaçait ruine depuis longtemps ; on se mettait peu en peine d'y remédier, quoiqu'il fît partie de la voie publique.

Cette reconstruction était des plus urgentes, et personne n'y songeait. Napoléon prit l'initiative, car plus tard, l'occasion aurait manqué ; il prit toutes les mesures pour s'arranger avec M. le marquis de Rougé et le conseil municipal de Moreuil. Il rencontra de la résistance, et cependant l'intérêt général exigeait que ce pont fût rétabli dans un bref délai. A force de prières et de démarches, il s'entendit avec l'autorité locale, et pour la faible somme de 600 francs, il construisit un pont de 10 mètres de largeur sur 8 de longueur, remplaçant avantageusement le premier qui n'avait qu'une voie charretière de 2^m,60.

Ceux qui ont été témoins des discussions élevées à l'occasion de ces travaux, peuvent dire qu'il a fallu au sieur CORDIER tout son bon vouloir et cette force d'âme dont l'a doué la nature pour supporter avec calme les ennuis dont il fut l'objet.

L'homme d'affaires de M. le marquis, jaloux d'en voir un autre que lui en crédit auprès de son maître, essaya vainement de le supplanter : tantôt il représentait au marquis l'incapacité prétendue de Cordier, dont la présomption et la témérité, disait-il, dirigeaient les actions, tantôt il lui tendait des piéges, lui opposait des obstacles ou tâchait de le détourner du plan qu'il avait conçu ; mais rien ne put l'ébranler ; son projet était invinciblement arrêté, il avait une marche à suivre, il la suivit jusqu'à la fin.

Néanmoins, la prétention de construire un pont dans les dimensions sus-énoncées, pour une si modique somme, parut, aux yeux de plusieurs conseillers municipaux, une affaire hasardeuse et téméraire ; ils se firent un plaisir aussi de contre-carrer Napoléon Cordier, en blâmant son dévouement et son zèle, tant il est vrai de dire que l'homme qui a des talents doit les faire valoir ailleurs que dans son pays. Mais que peuvent l'orgueil et l'égoïsme ? sinon étouffer tout sentiment généreux, arrêter tout progrès et faire tarir la source du bien-être et du bonheur. Napoléon n'en continuera pas moins sa besogne ; le pont fut rétabli, la voie publique mise en circulation, et ces vieilles constructions, qui naguère formaient par leur mauvais état un contraste choquant avec la vue du château, présentèrent le nouveau et riant aspect qu'on leur voit aujourd'hui.

Plus tard un travail communal fournit au sieur Cordier l'occasion d'acquérir un nouveau titre à la reconnaissance publique : Le conseil municipal de Moreuil

avait voté une somme de 1,600 fr. pour le rétrécisse-
ment du lit de la rivière qui longe la rue du chemin de
fer, sur un parcours d'environ 400 mètres ; ce rétrécisse-
ment ne devait se faire que sur une des deux rives au
moyen de grosses planches et de pieux plantés dans la
terre. Le sieur Napoléon fait alors observer à l'autorité
locale que pour 200 francs de plus on pouvait paver le
lit de la rivière et élever sur les deux rives un mur en
briques posées à sec. Malheureusement les idées neuves,
quelque bonnes qu'elles soient, ne sont pas toujours
goûtées : ce projet fut donc momentanément abandonné.

Trois ou quatre ans plus tard, les ateliers nationaux
furent ouverts à Moreuil comme dans bien d'autres loca-
lités. M. le maire, revenant sur le premier projet, dit au
sieur CORDIER qu'il allait lui donner des ouvriers et mettre
à sa disposition les briques et les matériaux nécessaires,
ajoutant qu'il lui offrait la direction des travaux à faire
dont il le rendait en même temps responsable. Comme on le
pense bien, cette proposition fut chaleureusement accep-
tée, et le lendemain, ouvriers, outils et matériaux se trouvaient sur le chantier. L'ouvrage fut poursuivi avec tant
d'activité que chaque semaine on comptait cent mètres de
travaux effectués ; en moins d'un mois la maçonnerie fut
entièrement terminée, et aujourd'hui une rivière de
1^m,33 c. remplace à la satisfaction de tous l'ancienne rivière que des eaux bourbeuses rendaient insalubre, et qui
n'avait pas moins de six mètres de largeur. Par cette
amélioration, la voie publique fut élargie de 4^m,66 c.,
avantage inappréciable pour la rue du Chemin de fer,

l'une des plus belles et des plus fréquentées de Moreuil, et qui fait partie de la route de grande communication n° 15.

Le dimanche suivant, une foule de visiteurs encombraient la rue et donnaient une approbation unanime à cette innovation. Au point de vue de la salubrité, la valeur locative fut augmentée de 25 pour 0/0 ; l'assainissement de la rivière ne laissait plus à redouter les maladies contagieuses qui se renouvelaient périodiquement dans ce quartier, naturellement malsain.

En effet, le choléra de 1848, qui a fait de grands ravages à Moreuil, n'a compté aucune victime dans cette rue, tandis qu'en 1832 les habitants en furent cruellement atteints. Ce fléau y a sévi avec une telle intensité que tout le monde voulait fuir le quartier. A quoi donc attribuer cette amélioration sanitaire? sinon à la cessation d'émanations de vapeurs infectes qu'exhalaient les eaux fangeuses de la rivière. C'est ainsi que NAPOLÉON CORDIER cherche toujours à étendre les bienfaits de l'industrie, de la civilisation et du progrès, ne s'arrêtant ni aux intérêts futiles, ni aux préjugés, ni aux vieilles routines.

L'église de Moreuil lui doit aussi le bel *autel* de la Sainte-Vierge, qui offre un coup-d'œil magnifique ; chacun veut voir ce ravissant autel : on est à peine dans la nef que les yeux s'y portent involontairement pour en contempler la beauté et l'élégance. Le style en est simple, mais, pour peu qu'on s'y arrête, on remarque quelque chose de grandiose qui décèle le bon goût et captive l'attention.

A l'extrémité du parcours de la rivière dont nous venons de parler, c'est-à-dire au point de jonction de cette rivière avec celle de l'Avre, nous vîmes plus tard s'élever une construction comme il n'en existe pas, peut-être, dans nos parages. Chacun admirait cette construction naissante : semblable à une jeune plante qui, ayant été nourrie par la rosée de la nuit, sent, dès le matin, les rayons du soleil qui viennent l'embellir ; si elle croît, elle ouvre ses tendres boutons, elle étend ses feuilles vertes, elle épanouit ses fleurs odoriférantes avec mille couleurs nouvelles ; à chaque instant qu'on la voit, on y trouve un nouvel éclat : ainsi s'élevait, sur un terrain que le sieur Napoléon Cordier a nivelé et assaini, un *établissement de bains* qui porte son nom. On lui demanda pourquoi il s'imposait de si grands sacrifices et à quoi pourraient servir ces salles de bains si nombreuses et si belles. « C'est, répondit-il, parce que c'est chose reconnue d'utilité publique, que cela entre dans nos mœurs et fait partie du progrès dont l'Empereur prend si souvent l'initiative. Je m'estimerais heureux de pouvoir contribuer à l'éclat de son règne dans la mesure de mes forces. » Réponse digne de l'homme dont le cœur est grand et l'âme noble comme ses idées et ses sentiments philanthropiques.

Les *Bains Napoléon,* à Moreuil, sont un des plus beaux établissements de ce genre que nous ayons vus ; c'est un véritable chef-d'œuvre sorti de ses mains artistiques, car à lui seul en revient tout l'honneur. Cette construction suffirait pour éterniser sa mémoire ; il en est à la fois l'architecte, l'artisan et le propriétaire ; il a tout fait par lui-même, et tout, au point de vue de l'art, révèle un talent, un génie qu'on ne peut trop louer.

Cet établissement est situé, comme nous l'avons dit, à deux mètres de la rivière d'Avre. La première salle, dite *Salle de l'Impératrice*, ou salle d'attente, est une pièce où l'on admire la symétrie des croisées et des carreaux coloriés dont elles sont composées ; la même symétrie règne dans le plafond et dans les murs, qui sont aussi ornés de verres artistement peints et assemblés entre eux au moyen de petites baguettes de bois.

On y compte autant de carreaux qu'il y a de jours dans un an ; on voit au-dessus des portes intérieures les initiales *C. N. (Cordier Napoléon)* entrelacées ; à droite s'en trouvent deux autres *C. M. (Cordier-Mortier)* formant ensemble les initiales de l'artiste et de sa famille. A côté de cette pièce est un cabinet avec un escalier conduisant au premier étage où se trouvent un autre cabinet et une chambre brillant aussi des plus vives couleurs ; à l'exérieur de celle-ci se présente un superbe balcon au-dessus de la salle de l'Impératrice et faisant face à la rue. Puis viennent, au rez-de-chaussée, les salles de bains, belles, riantes, commodes et agréables ; chaque porte des salles s'ouvre sur un corridor qui a 21 mètres de longueur ; ce corridor, construit en chaux hydraulique, est admirable par son carrelage d'un nouveau genre.

Les baignoires se divisent en trois catégories :

1° Quatre baignoires en faïence, confectionnées dans la perfection, et dont le prix est fixé à 0 fr. 60 c. par bain ;

2° Trois baignoires, aussi en faïence, mais un peu inférieures, à 0 fr. 50 c. par bain ;

3° Trois baignoires en zinc, dites *populaires*, à 0 fr. 40 c. par bain.

Rien dans ces baignoires n'a été négligé pour l'ordre, la moralité et la commodité.

Chaque salle a son numéro et sa sonnette avec son réservoir en zinc.

L'eau est conduite dans chaque baignoire, au moyen d'une pompe mue par une roue hydraulique placée sur la petite rivière, et qui répand l'eau à discrétion dans tous les conduits.

La façade de cet établissement n'est pas moins belle que l'intérieur, à ce point que tout voyageur s'y arrête volontiers pour satisfaire sa curiosité. On remarque aussi le perron qui est rustique et dont les marches sont formées de ciment romain.

Un joli bassin, avec un jet d'eau, est placé au milieu de la cour d'entrée. Il est entouré d'un parterre de fleurs, aux mille couleurs variées, qui embellissent un lieu déjà si agréable à la vue, et le rendent délicieux en y répandant un doux et suave parfum dans la belle saison.

Le fronton qui couronne le bâtiment est historique. L'écusson, dessiné au milieu, représente *Napoléon III*. De chaque côté, on voit *Napoléon I*er, placé comme un ange tutélaire dans les voûtes célestes, veillant sur son neveu et semblant lui annoncer la grandeur et la prospérité de cette France qu'il a tant aimée. « O France heureuse et florissante, cette figure emblématique nous retrace le génie et la sagesse qui ont présidé et présideront désormais à tes destinées glorieuses ! »

Cet établissement est détaché de toute habitation ; la partie antérieure, embellie par les produits de l'art et de la nature, est fermée par une barrière ou balustrade qui laisse à découvert le bassin et les plates-bandes que nous venons de décrire. Il est clos, à droite, par la rivière qui coule avec un doux murmure et s'enfuit en jouant au travers de la prairie ; et à gauche, par une haie dont la hauteur permet de contempler, au printemps, la beauté et la magnificence d'un jardin cultivé avec goût. Enfin il semblerait que Vénus a voulu établir son empire là où Flore a orné le sien de mille fleurs odoriférantes.

Il est de notoriété publique que deux années de travail ont suffi au sieur CORDIER pour faire seul cette belle construction, la plus charmante de toutes celles que nous voyons dans notre département, et en en même temps une des plus utiles au point de vue hygiénique.

Si les belles actions et les bonnes œuvres, en un mot, tout ce qui est bien, mérite récompense ou encouragement, que ne réclamerions-nous pas en faveur de cet esprit vaste et profond, de cet homme laborieux et supérieur qui, avec presque rien, a fait tant de belles choses pour le bien public !

Tous les travaux qu'il a faits honorent son pays ; chacun peut les voir, ils sont là comme autant de monuments parlants qui ajoutent à son nom et qui lui assurent pour longtemps la bienveillance et l'approbation de tous ceux qui s'intéressent au bien-être de la société : Honnête homme, bon mari, excellent père, Napoléon Cordier, chéri de sa famille, estimé de tous, est digne de la sympathie de ses concitoyens.

Ses antécédents sont irréprochables, ils datent de 1814 ; il était jeune alors, mais, nous l'avons dit, il était homme en naissant et fils d'un père qui avait tout sacrifié pour la famille de *Bonaparte*. Avec les mêmes principes, les mêmes opinions et les mêmes tendances, le cœur du fils n'a pas cessé de battre pour la dynastie napoléonienne.

Les humiliations et les outrages qu'a éprouvés son père à cause de ses opinions ; les différentes péripéties qu'ont subies la position et la fortune de sa famille, ne l'ont qu'affermi davantage dans ses idées libérales. Sa profession de foi a toujours été celle-ci : « Nous n'avons de bonheur et de gloire à espérer en France que dans le sceptre d'un *Napoléon ;* le prince *Louis* règnera tôt ou tard sur la France, lui seul en est digne. » Aussi, en 1840, Cordier s'est-il porté sur son passage à l'affaire de Boulogne.

Un jour il a failli être arrêté à Ham, emporté qu'il était

par l'ardent désir de voir le prince *Louis* et de lui parler ; en 1845 il se trouvait dans une société d'hommes notables où chacun exprimait son sentiment sur la politique. Là, il répéta avec cette chaleur, cette conviction qui caractérise les âmes fortes, que le prince *Louis* serait un jour notre *Empereur*, et que nous le verrions bientôt régner. En 1848, le jour où le prince *Louis-Napoléon* pénétra pour la première fois dans l'Assemblée nationale, Napoléon Cordier, l'apprenant dans un café, s'écria à l'instant : *L'Empire est fait.*

Toujours napoléonien, le sieur Cordier accourut à Amiens le jour où *Louis-Napoléon*, devenu Président de la république, vint passer la revue de la garde nationale de cette ville. Il était, à cette époque, capitaine de la garde nationale de Moreuil. Il s'est aussi rendu à Paris pour voir la belle fête donnée par la troupe au Champ-de-Mars en l'honneur du prince *Louis*. Plus tard, il y est retourné pour assister à son entrée triomphale dans la capitale au retour de son voyage dans le midi de la France. Il a aussi assisté à la belle cérémonie du mariage de *l'Empereur*. On le vit encore à *Amiens*, lorsque *l'Empereur* et *l'Impératrice* sont venus, pour la première fois, visiter la capitale de la Picardie. Enfin, le sieur Napoléon Cordier est un citoyen probe, sincère, libéral, bienfaisant, profondément attaché au Gouvernement impérial.

Nous l'avons vu aussi au jour mémorable du 2 Décembre, comme sous une inspiration extraordinaire, dire à quelqu'un de ses amis qui lui demandait sa pensée sur la politique, que *Napoléon* était maître de Paris, et raconter positivement tout ce qui s'y passait avant que la nouvelle ne nous fût parvenue ; il était alors neuf heures du matin. C'est sous cette même inspiration que les 20 et 21 décembre, jours solennels du grand vote, il exposa, aux yeux de la population industrielle de Moreuil, un transparent dans lequel était représenté *Louis-Napoléon* à cheval, ayant d'un côté l'aigle impérial et de l'autre le petit chapeau et l'épée de son oncle. Au-dessus était un soleil avec cette inscription en gros caractères : 7,500,000 *voix*.

Quinze jours plus tard le même transparent était reproduit à l'église Notre-Dame, à Paris.

On lui demandait ce que signifiait ce transparent avec son inscription. « C'est l'espoir de la France, répondit-il ; « car depuis 30 ans que je travaille sous la chaumière et « dans les châteaux, je connais assez le monde pour pou- « voir dire que la réalité viendra bientôt confirmer mes pré- « visions. » En effet, nous le savons, par le rétablissement de l'Empire, une ère de progrès est venue réaliser nos vœux, et, en particulier, ceux de notre compatriote, NAPOLÉON CORDIER.

Depuis cette nouvelle ère, qui a donné carrière aux plus nobles aspirations, seize années de gloire et de prospérité se sont écoulées, et NAPOLÉON CORDIER, invariable dans ses principes et infatigable dans son amour pour les arts, a poursuivi, avec succès, sa triple et laborieuse mission d'artisan, d'artiste et d'industriel.

Tout jeune encore, simple ouvrier, livré à lui-même, on l'a vu suivre le chemin de l'honneur, grandir à l'abri des vices et du besoin, exécutant tous travaux où président le talent et le génie ; plus tard, marié, père de famille, homme paisible et intègre, il réunit les qualités inestimables du cœur et les beaux sentiments qui honorent l'humanité, et c'est avec ce rare assemblage des vertus humaines qu'on l'a toujours vu entouré de l'estime et de la sympathie générales.

Elu capitaine de pompiers et conseiller municipal, à l'avènement du Gouvernement impérial, il a toujours dignement défendu les intérêts de ses concitoyens ; et la commune de *Moreuil*, fière de ses lumières et de son patriotisme, est heureuse de le compter parmi ses mandataires les plus dévoués.

En lui, la classe ouvrière voit un modèle, un bienfaiteur, un père, et, par lui, *l'Auteur de la Nature* nous montre, une fois de plus, que c'est souvent dans le cerveau de l'enfant du pauvre qu'il dépose le germe de la plus vaste intelligence, de la capacité la plus étendue, du génie le plus profond, des plus hautes vertus ; et ce germe, qui sait ce qu'il fût devenu chez le sieur Cordier, s'il eût acquis toute sa puissance à l'aide de l'instruction.

Si le travail ennoblit l'homme, et s'il est la base naturelle de la liberté, de l'indépendance et du véritable honneur, nul plus que Napoléon Cordier ne peut assurément revendiquer ces diverses faveurs, et ses droits sont d'autant plus légitimes que, parti de bien bas, il s'est élevé de ses propres ailes au rang si honorable qu'il occupe parmi les hommes les plus utiles et les plus recommandables de son pays.

La considération et l'honnête aisance dont il jouit sont, pour ses vieux jours, un doux oreiller ; et ces nobles fruits du travail et de l'économie ont eu pour source intarissable ses rares talents et son courage, qui ont toujours été les appuis assidus de sa conduite et de ses vertus.

Nous n'en finirions pas si nous voulions énumérer tout ce qu'a fait de bien et d'utile ce fidèle observateur des lois du travail. Bornons ici notre narration que d'autres plumes plus habiles se feront un devoir de continuer un jour, et disons en terminant que, comme tous les grands hommes, Napoléon Cordier a le triste privilége d'avoir des ennemis, dont la haine a pour mobile l'envie, la basse jalousie.

Notre but, en retraçant de son vivant et à son insu les principaux traits de sa vie si noblement remplie, a été de défendre cet homme de bien contre les préjugés de l'ignorance, en rendant juge entre lui et ses détracteurs le public qui se trompe rarement.

LES TRAVAILLEURS

Honneur au brave prolétaire,
Respect à l'honnête ouvrier,
Gagnant son modeste salaire
Dans la campagne ou l'atelier.

Quoi de plus précieux qu'un homme
Actif, tempérant, économe,
Qui ne doit rien qu'à sa sueur
Le pain qu'il mange avec bonheur !

Bouillant d'ardeur à son ouvrage,
Laboureur, artiste ou soldat,
Aux champs, partout, plein de courage,
Il est le soutien de l'Etat.

A sa voix sont rendus dociles
Le bois, le fer, sous le marteau ;
Les métaux deviennent fertiles,
Au gré du moule et du ciseau.

Au sein des arts, sans nulle envie,
S'écoule en paix sa pauvre vie ;
Dans sa famille qu'il nourrit.
S'il a du pain, il chante, il rit.

Santé, talents, bonheur, vieillesse,
Habitent sous ses humbles toits ;
Toujours content sans la richesse,
Il est plus heureux que les rois.

Artisan de sa destinée,
Son panthéon, c'est l'atelier ;
A son travail, durant l'année,
Moins lui vaut l'or qu'un bon métier.

Planant sur le trône du monde,
Minerve fait fleurir les arts,
Les ombres d'une nuit profonde
Disparaissent à ses regards.

Par son flambeau brûlant sans cesse
Sont éclairés tous les humains ;
La Gloire à le suivre s'empresse,
Tenant des lauriers dans ses mains.

Oh ! bénissons la Providence
Qui, par les bras des travailleurs,
Verse sur nous en abondance
Tous les trésors de ses faveurs.

Anthime LEJEUNE,

Maître de Pension.

Amiens,   Avril 1868.

AMIENS. — IMPRIMERIE DE T. JEUNET.

9 782013 359832